संपत्ति कानून का परिचय

शिव प्रसाद बोस और जय बोस

Published by Joy Bose

विषय - सूची

प्रस्तावना

संपत्ति कानून संपत्ति से संबंधित कई मामलों को कवर करता है, जिसमें इसके स्वामित्व, रखरखाव और हस्तांतरण शामिल हैं। संपत्ति और भूमि प्राप्त करने और बनाए रखने में शामिल लागतों को ध्यान में रखते हुए, संपत्ति कानून के प्रासंगिक पहलुओं का ज्ञान होना बहुत महत्वपूर्ण है।

इस पुस्तक में, हम संक्षेप में भारत में संपत्ति कानून के विभिन्न पहलुओं का परिचय देते हैं, जिसमें संपत्ति हस्तांतरण अधिनियम और भारतीय उत्तराधिकार अधिनियम शामिल हैं।

यह आशा की जाती है कि यह पुस्तक उन लोगों के लिए एक परिचयात्मक मार्गदर्शिका प्रदान करेगी जो भारत में संपत्ति से संबंधित लागू कानूनों से अवगत होना चाहते हैं, जो संपत्ति खरीदने के बारे में सोच रहे हैं, या जो संपत्ति के लेन-देन में शामिल हैं या इससे संबंधित अदालती मामलों में शामिल हैं।

अध्याय 1: संपत्ति कानून क्या है

इस अध्याय में, हम सामान्य शब्दों में संपत्ति कानून पर चर्चा करते हैं।

1.1 संपत्ति कानून का महत्व

भारत जैसे देश में भूमि की मात्रा सीमित है, और आवास के लिए उपलब्ध भूमि के विस्तार की सीमित क्षमता है। इसलिए, भूमि कानून या संपत्ति कानून अधिक महत्वपूर्ण हो गया है।

हर किसी को रहने के लिए जगह चाहिए, इसलिए संपत्ति और जमीन बुनियादी जरूरतें हैं। हाल के वर्षों में संपत्ति की कीमतें अपेक्षाकृत अधिक बढ़ रही हैं, विशेष रूप से मेट्रो शहरों में, इसलिए अधिकांश लोगों के लिए रहने की जगह होने के अलावा घर खरीदना जीवन का सबसे बड़ा निवेश है। बहुत से लोग अपनी संपत्ति खरीदने का जोखिम भी नहीं उठा सकते हैं और उन्हें किराए के अपार्टमेंट में रहना पड़ता है, जिनके किराए भी तेजी से बढ़ रहे हैं।

जमीन खरीदने और फ्लैट बनाने के लिए बैंक ऋण कई लोगों के लिए सबसे बड़ा ऋण है जो वे अपने जीवन में लेंगे और चुकाने के लिए कुछ अच्छे साल बिताएंगे। इसलिए एक निवेश के रूप में, संपत्ति खरीदना किसी के जीवन का एक बड़ा निर्णय होता है।

जो लोग अदालतों में संपत्ति के विवादों में शामिल हैं, उनके लिए आम तौर पर दशकों का समय लगता है और अंत में बहुत सारा पैसा खर्च होता है।

उपरोक्त सभी कारणों से, प्रचलित संपत्ति कानूनों और यह हमें कैसे प्रभावित करता है, इसके बारे में जागरूकता होना महत्वपूर्ण है।

1.2 संपत्ति कानून या भूमि कानून किससे संबंधित है?

संपत्ति कानून भूमि या संपत्ति से जुड़े अधिकारों और दायित्वों से संबंधित है, जो लोग या तो मालिक हैं, किराए पर लेते हैं या पट्टे पर हैं। यह संपत्ति को अन्य पार्टियों को हस्तांतरित करने के निहितार्थ से भी संबंधित है।

यह संपत्ति के सभी पहलुओं से संबंधित है, जैसे कि संपत्ति खरीदने के लिए बैंकों से लिए गए ऋण, संपत्ति पर कर का भुगतान, संपत्ति का पंजीकरण, उपहार देना और पट्टे पर देना, और संपत्ति के स्वामित्व को कैसे साबित करना है। यह इस बात से संबंधित है कि वसीयत के हिस्से के रूप में संपत्ति कैसे प्राप्त की जाए, इसे किसी के उत्तराधिकारियों को कैसे दिया जाए, संपत्ति को कैसे किराए पर दिया जाए या किसी और को अपनी संपत्ति किराए पर दी जाए। यह संपत्ति पर सुगमता से भी संबंधित है, जैसे कि पड़ोसी की भूमि के माध्यम से सड़क तक पहुंच और पानी जैसी सुविधाओं तक कैसे पहुंचें।

1.3 दो पक्षों के बीच संपत्ति का हस्तांतरण कैसे होता है

ऐसे कई तरीके हैं जिनसे संपत्ति हस्तांतरण हो सकता है। यह या तो स्वैच्छिक स्थानांतरण या अनैच्छिक या अनिवार्य स्थानांतरण हो सकता है। यह संपत्ति का हस्तांतरण तब हो सकता है जब दोनों पक्ष जीवित हों या जब एक की मृत्यु हो जाए और दूसरे पक्ष को उत्तराधिकार के माध्यम से संपत्ति मिल जाए।

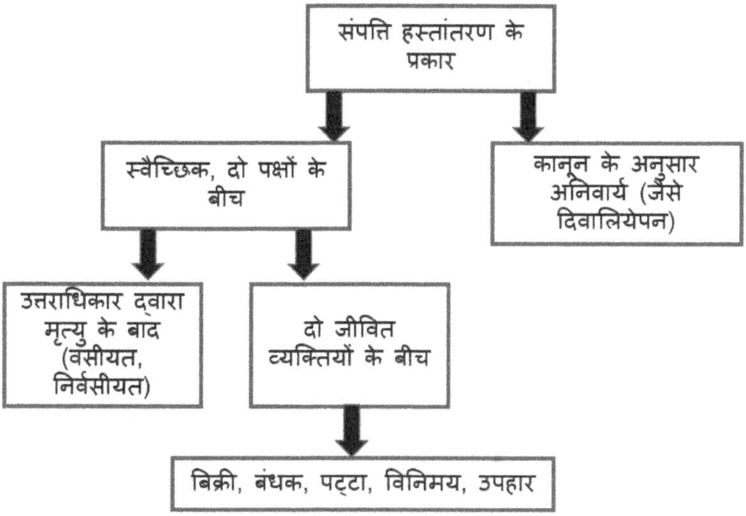

चित्र 1. संपत्ति हस्तांतरण के प्रकार

स्थानांतरण के प्रकार के आधार पर, विशेष भारतीय कानून लागू होंगे। उदाहरण के लिए, दो जीवित पक्षों के बीच संपत्ति के स्वैच्छिक हस्तांतरण के लिए, लागू कानून संपत्ति का हस्तांतरण अधिनियम 1882 है, जिसमें बिक्री, बंधक, पट्टे, विनिमय और उपहार शामिल हैं। उत्तराधिकार से संबंधित कानूनों के लिए, भारतीय उत्तराधिकार अधिनियम (ISA) 1925 लागू कानून है। सरकार द्वारा अनिवार्य हस्तांतरण के लिए या दिवालियेपन और दिवाला खंड के कारण, विभिन्न कानून लागू हो सकते हैं। माल की बिक्री अधिनियम 1930 चल संपत्ति की बिक्री के लिए लागू होता है, जो एक घर या अपार्टमेंट की बिक्री का हिस्सा हो सकता है।

1.4 संपत्ति के प्रकार

भारतीय कानून में संपत्ति को कई श्रेणियों में वर्गीकृत किया गया है। इन वर्गीकरणों को समझना यह निर्धारित करने के लिए आवश्यक है कि कौन से कानून लागू होते हैं, स्वामित्व के अधिकार क्या हैं, और हस्तांतरण की प्रक्रिया क्या होगी।

- चल संपत्ति (Movable Property): वह संपत्ति जिसे एक स्थान से दूसरे स्थान पर ले जाया जा सकता है, जैसे वाहन, फर्नीचर, आभूषण, नकद। यह माल की बिक्री अधिनियम 1930 के अंतर्गत आती है।
- अचल संपत्ति (Immovable Property): वह संपत्ति जो स्थिर है और स्थानांतरित नहीं की जा सकती, जैसे भूमि, भवन, भूमि से जुड़े वृक्ष। यह संपत्ति हस्तांतरण अधिनियम 1882 और पंजीकरण अधिनियम 1908 के अंतर्गत आती है।
- मूर्त संपत्ति (Tangible Property): वह संपत्ति जिसे स्पर्श किया जा सके और जिसका भौतिक रूप हो, जैसे भूमि, सोना, वाहन।
- अमूर्त संपत्ति (Intangible Property): वह संपत्ति जिसका भौतिक रूप नहीं होता किंतु जिसका मूल्य होता है, जैसे पेटेंट, ट्रेडमार्क, कॉपीराइट, बैंक खाते।
- पैतृक संपत्ति (Ancestral Property): चार पीढ़ियों तक बिना किसी व्यवधान के विरासत में प्राप्त संपत्ति, जिसमें सभी सहदायिकों का जन्मसिद्ध अधिकार होता है।

- स्व-अर्जित संपत्ति (Self-Acquired Property): व्यक्ति द्वारा अपने स्वयं के परिश्रम या आय से अर्जित संपत्ति। इस पर मालिक का पूर्ण अधिकार होता है।

1.5 संविधान और संपत्ति का अधिकार

मूल रूप से, संपत्ति का अधिकार संविधान के अनुच्छेद 31 के तहत एक मौलिक अधिकार था। हालाँकि, 1978 में 44वें संवैधानिक संशोधन के माध्यम से इसे मौलिक अधिकारों की सूची से हटाकर एक कानूनी अधिकार बना दिया गया।

अब संविधान का अनुच्छेद 300-क यह गारंटी देता है: "किसी व्यक्ति को उसकी संपत्ति से विधि के प्राधिकार के बिना वंचित नहीं किया जाएगा।" इसका अर्थ है कि सरकार केवल कानूनी और मुआवजे के साधनों के माध्यम से ही संपत्ति का अधिग्रहण कर सकती है।

1.6 संपत्ति कानून के प्रमुख स्रोत

भारतीय संपत्ति कानून के स्रोतों में निम्नलिखित शामिल हैं:

- भारत का संविधान
- वैधानिक कानून: संपत्ति हस्तांतरण अधिनियम 1882, भारतीय सुखभोग अधिनियम 1882, पंजीकरण अधिनियम 1908, भारतीय उत्तराधिकार अधिनियम 1925, हिंदू उत्तराधिकार अधिनियम 1956, बेनामी लेनदेन (निषेध) अधिनियम 1988
- न्यायिक निर्णय एवं केस कानून (Case Law)
- प्रथागत प्रथाएँ तथा धार्मिक कानून (हिंदू और मुस्लिम कानून)

1.4 संपत्ति के प्रकार

भारतीय कानून में संपत्ति को कई श्रेणियों में वर्गीकृत किया गया है। इन वर्गीकरणों को समझना यह निर्धारित करने के लिए आवश्यक है कि कौन से कानून लागू होते हैं, स्वामित्व के अधिकार क्या हैं, और हस्तांतरण की प्रक्रिया क्या होगी।

- चल संपत्ति (Movable Property): वह संपत्ति जिसे एक स्थान से दूसरे स्थान पर ले जाया जा सकता है, जैसे वाहन, फर्नीचर, आभूषण, नकद। यह माल की बिक्री अधिनियम 1930 के अंतर्गत आती है।
- अचल संपत्ति (Immovable Property): वह संपत्ति जो स्थिर है और स्थानांतरित नहीं की जा सकती, जैसे भूमि, भवन, भूमि से जुड़े वृक्ष। यह संपत्ति हस्तांतरण अधिनियम 1882 और पंजीकरण अधिनियम 1908 के अंतर्गत आती है।
- मूर्त संपत्ति (Tangible Property): वह संपत्ति जिसे स्पर्श किया जा सके और जिसका भौतिक रूप हो, जैसे भूमि, सोना, वाहन।
- अमूर्त संपत्ति (Intangible Property): वह संपत्ति जिसका भौतिक रूप नहीं होता किंतु जिसका मूल्य होता है, जैसे पेटेंट, ट्रेडमार्क, कॉपीराइट, बैंक खाते।
- पैतृक संपत्ति (Ancestral Property): चार पीढ़ियों तक बिना किसी व्यवधान के विरासत में प्राप्त संपत्ति, जिसमें सभी सहदायिकों का जन्मसिद्ध अधिकार होता है।
- स्व-अर्जित संपत्ति (Self-Acquired Property): व्यक्ति द्वारा अपने स्वयं के परिश्रम या आय से अर्जित संपत्ति। इस पर मालिक का पूर्ण अधिकार होता है।

1.5 संविधान और संपत्ति का अधिकार

मूल रूप से, संपत्ति का अधिकार संविधान के अनुच्छेद 31 के तहत एक मौलिक अधिकार था। हालाँकि, 1978 में 44वें संवैधानिक संशोधन के माध्यम से इसे मौलिक अधिकारों की सूची से हटाकर एक कानूनी अधिकार बना दिया गया।

अब संविधान का अनुच्छेद 300-क यह गारंटी देता है: "किसी व्यक्ति को उसकी संपत्ति से विधि के प्राधिकार के बिना वंचित नहीं किया जाएगा।" इसका अर्थ है कि सरकार केवल कानूनी और मुआवजे के साधनों के माध्यम से ही संपत्ति का अधिग्रहण कर सकती है।

1.6 संपत्ति कानून के प्रमुख स्रोत

भारतीय संपत्ति कानून के स्रोतों में निम्नलिखित शामिल हैं:

- भारत का संविधान
- वैधानिक कानून: संपत्ति हस्तांतरण अधिनियम 1882, भारतीय सुखभोग अधिनियम 1882, पंजीकरण अधिनियम 1908, भारतीय उत्तराधिकार अधिनियम 1925, हिंदू उत्तराधिकार अधिनियम 1956, बेनामी लेनदेन (निषेध) अधिनियम 1988
- न्यायिक निर्णय एवं केस कानून (Case Law)
- प्रथागत प्रथाएँ तथा धार्मिक कानून (हिंदू और मुस्लिम कानून)

अध्याय 2: संपत्ति कानून का इतिहास

भूमि कानून या संपत्ति कानून का एक लंबा इतिहास रहा है। इस अध्याय में, हम भारत और अन्य देशों में भूमि और संपत्ति के आसपास के कुछ मुख्य ऐतिहासिक कानूनों का अध्ययन करते हैं।

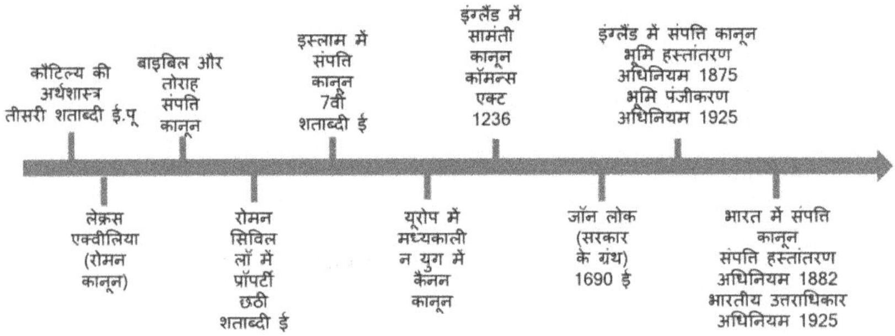

चित्र 2. संपत्ति कानून का विकास

2.1 रोमन काल में संपत्ति कानून

रोमनों के पास संपत्ति के गलत तरीके से नुकसान के लिए मुआवजे की अवधारणा थी। उनके पास तीसरी शताब्दी ईसा पूर्व से "लेक्स एक्विलिया" नामक एक कानून था, जो रोमन नागरिकों को बर्बरता और संपत्ति के विनाश से मुआवजे के लिए प्रदान करता था। उस कानून के प्रावधानों में से एक में कहा गया है, "*पुरुषों और मवेशियों के अलावा अन्य चीजों के संबंध में जो मारे गए हैं, यदि कोई दूसरे को नुकसान पहुंचाता है, और अवैध रूप से जलाता है, या कुछ तोड़ता है, तो उसे उसके मालिक को बराबर राशि*

का भुगतान करने का आदेश दिया जाए पिछले तीस दिनों में जो कुछ भी इसका मूल्य है।"

2.2 कौटिल्य के अर्थशास्त्र में संपत्ति कानून

तीसरी शताब्दी ईसा पूर्व से कौटिल्य के अर्थशास्त्र में भूमि प्रबंधन और विरासत के विभाजन के प्रावधान थे। उस कानून में संपत्ति से संबंधित बयानों में से एक में कहा गया है, "*एक पिता, अपने जीवित रहते हुए अपनी संपत्ति का वितरण करते हुए, अपने बेटों के बीच इसे विभाजित करने में कोई भेद नहीं करेगा। न ही कोई पिता अपने हिस्से के किसी भी पुत्र को पर्याप्त कारण के बिना वंचित करेगा। यदि पिता बिना संपत्ति के मर जाता है, तो बड़े पुत्र छोटे पुत्रों पर कृपा करेंगे, यदि वे बुरे चरित्र के नहीं हैं।"*

2.3 तोराह और बाइबिल में संपत्ति कानून

तोराह में वर्णित मूल यहूदी कानून के अनुसार, संपत्ति केवल विरासत में मिली थी और बाहरी लोगों को नहीं बेची गई थी। लैव्यव्यवस्था 25:23 परमेश्वर की ओर से कहता है, "परन्तु भूमि फिर से अधिक न बिकनी चाहिए, क्योंकि भूमि मेरी है; तुम तो मेरे साथ परदेशी हो।" बाद में, यहूदी कानून में बिक्री अनुबंध स्थापित किए गए।

2.4 रोमन नागरिक कानून के अनुसार संपत्ति

छठी शताब्दी ईस्वी में सम्राट जस्टिनियन द्वारा स्थापित रोमन नागरिक कानून के अनुसार, भूमि का स्वामित्व व्यक्तियों के पास हुआ करता था और इसे दूसरों को भी हस्तांतरित किया जा सकता था। गवाहों और तांबे के इग्नॉट के भुगतान से जुड़ी एक निर्धारित प्रक्रिया का पालन करने पर स्थानांतरण किया जाता था।

2.5 इस्लाम में संपत्ति कानून

इस्लामी कानून या शरिया में कानूनी वारिसों द्वारा संपत्ति के उत्तराधिकार के प्रावधान थे। "वसेय्या" या वसीयत की अवधारणा थी, जिसमें कहा गया था कि कैसे एक व्यक्ति अपनी मृत्यु के बाद अपनी संपत्ति का एक तिहाई स्वेच्छा से दूसरे को हस्तांतरित कर सकता है। कानून में "फरीद" या "मिरथ" की अवधारणा भी थी, जिसमें परिभाषित किया गया था कि मृत व्यक्ति की संपत्ति और संपत्ति का कितना अनुपात किस वारिस को वितरित किया जाना चाहिए।

2.6 यूरोप में मध्ययुगीन युग में संपत्ति कानून

मध्ययुगीन युग में, चर्च के "कैनन कानून" ने यूरोप में बड़े पैमाने पर संपत्ति लेनदेन को नियंत्रित किया। कैनन कानून वसीयत और संपत्ति अधिग्रहण जैसी चीजों को कवर करता था। उसी कैनन कानून ने बाद की शताब्दियों में संपत्ति पर कानून को भी प्रभावित किया।

2.7 संपत्ति के अधिकार पर जॉन लॉक के विचार

सामंती युग के अंत में, दार्शनिकों ने संपत्ति के अधिकारों के बारे में लिखा। जॉन लॉक एक ब्रिटिश दार्शनिक थे जिन्होंने 1690 में अपनी पुस्तक "द टू ट्रीटीज ऑफ गवर्नमेंट" में संपत्ति के अधिकारों के बारे में लिखा था। लॉक के सिद्धांत को "संपत्ति का श्रम सिद्धांत" कहा जाता है। लॉक के अनुसार, प्राकृतिक कानून के तहत, सभी लोगों को अधिकार है तीन: जीवन, स्वतंत्रता और संपत्ति। वह प्राकृतिक अधिकारों के रूप में व्यक्तिगत संपत्ति अधिकारों के समर्थक थे।

2.8 इंग्लैंड में संपत्ति कानून

अंग्रेजी संपत्ति कानून रोमन कानून और भूमि और अन्य संपत्ति को नियंत्रित करने वाले विभिन्न सामंती कानूनों के संयोजन से लिया गया था, जिसमें कॉमन्स अधिनियम 1236 और 1285 में वेस्टमिंस्टर की संधि शामिल थी। सुधार के युग के बाद, इंग्लैंड में महत्वपूर्ण संपत्ति कानून लाए गए थे जिनमें शामिल हैं:

- भूमि हस्तांतरण अधिनियम 1875 और भूमि पंजीकरण अधिनियम 1925 जो भूमि पंजीकरण के लिए प्रदान करता है
- विल्स अधिनियम 1837 जो विल्स के माध्यम से संपत्ति के हस्तांतरण से संबंधित है
- संपत्ति अधिनियम 1925 का कानून

2.9 भारत में ब्रिटिश शासन के तहत और स्वतंत्रता के बाद संपत्ति कानून

भारत में ब्रिटिश शासन के आगमन और उनके द्वारा अदालतों के निर्माण और ब्रिटिश कानूनी प्रणाली पर आधारित एक कानूनी प्रणाली के साथ, भारत में संपत्ति कानून बदल गया।

संपत्ति हस्तांतरण अधिनियम 1882 मुख्य अधिनियम था जिसमें किसी अन्य व्यक्ति को चल और अचल संपत्ति के हस्तांतरण के नियम बताए गए थे।

माल की बिक्री अधिनियम 1930 (जो संपत्ति की बिक्री को नियंत्रित करता है) और भारतीय उत्तराधिकार अधिनियम 1925 (उत्तराधिकारियों को संपत्ति के उत्तराधिकार को नियंत्रित करने या वसीयत बनाने पर) के साथ, यह कानून भारत में संपत्ति कानून की नींव रखता है।

स्वतंत्र भारत में कुछ संशोधनों के साथ वही कानून बने रहे।

संदर्भ:

- https://en.wikipedia.org/wiki/Lex_Aquilia
- https://www.wisdomlib.org/hinduism/book/kautilya-arthashastra/d/doc366088.html
- https://en.wikipedia.org/wiki/History_of_English_land_law
- https://www.islamicwillsusa.com/property-distribution-islam/
- https://en.wikipedia.org/wiki/Islamic_inheritance_jurisprudence
- https://en.wikipedia.org/wiki/Labor_theory_of_property
- https://en.wikipedia.org/wiki/History_of_English_land_law
- https://en.wikipedia.org/wiki/Transfer_of_Property_Act_1882

2.10 स्वतंत्रता के बाद भूमि सुधार

भारत की स्वतंत्रता के बाद, संपत्ति कानून में असमानता और सामंती शोषण को दूर करने के उद्देश्य से भूमि सुधारों के माध्यम से महत्वपूर्ण परिवर्तन हुए। इन सुधारों के लक्ष्य थे:

- जमींदारी प्रथा और बिचौलियों का उन्मूलन
- भूमि जोत पर सीमाएँ (भूमि हदबंदी) स्थापित करना
- भूमिहीन किसानों के बीच अतिरिक्त भूमि का पुनर्वितरण

- काश्तकारी अधिकारों को सुरक्षित करना और मनमाने बेदखली से सुरक्षा

उल्लेखनीय कानून में उत्तर प्रदेश जमींदारी उन्मूलन और भूमि सुधार अधिनियम 1950, पश्चिम बंगाल भूमि सुधार अधिनियम 1955 और इसी प्रकार के राज्य अधिनियम शामिल हैं जिन्होंने ग्रामीण भारत में संपत्ति स्वामित्व को महत्वपूर्ण रूप से पुनर्गठित किया।

2.11 डिजिटलीकरण और भूमि अभिलेखों का आधुनिकीकरण

हाल के दशकों में, भारत सरकार ने भूमि अभिलेखों को आधुनिक बनाने के लिए डिजिटल पहल लागू की है:

- डिजिटल इंडिया भूमि अभिलेख आधुनिकीकरण कार्यक्रम (DILRMP): संपत्ति अभिलेखों को डिजिटल करने, स्पष्ट स्वामित्व स्थापित करने और भूमि लेनदेन को सरल बनाने का लक्ष्य रखता है।
- राज्य-स्तरीय ऑनलाइन भूमि अभिलेख पोर्टल: भूलेख (उत्तर प्रदेश), भूमि (कर्नाटक), और बांगलारभूमि (पश्चिम बंगाल) जैसे पोर्टल भूमि अभिलेखों, मानचित्रों और संबंधित डेटा तक आसान पहुँच प्रदान करते हैं।

ये पहल भारत में संपत्ति कानून के विकास में एक महत्वपूर्ण आधुनिक कदम हैं जो लेनदेन को अधिक पारदर्शी और सुरक्षित बनाती हैं।

अध्याय 3: संपत्ति हस्तांतरण अधिनियम 1882

इस अध्याय में हम संपत्ति हस्तांतरण अधिनियम पर चर्चा करते हैं, जो संपत्ति हस्तांतरण से संबंधित भारत में कानून को समेकित करता है। यह अधिनियम 1882 में ब्रिटिश भारत में बनाया गया था और कुछ संशोधनों के साथ स्वतंत्र भारत में बना रहा।

THE TRANSFER OF PROPERTY ACT, 1882

ACT NO. 4 OF 1882

[*17th February*, 1882.]

An Act to amend the law relating to the Transfer of Property by act of Parties.

Preamble.—WHEREAS it is expedient to define and amend certain parts of the law relating to the transferof property by act of parties; It is hereby enacted as follows:—

CHAPTER I

PRELIMINARY

1. Short title.—This Act may becalled the Transfer of Property Act, 1882.

Commencements.—It shallcome into force on the first day of July, 1882.

Extent.—[1][Itextends[2] in the first instance to the whole of India. except [3][the territories which, immediately before the 1st November, 1956, were comprised in Part B States or in the States of], Bombay, Punjab and Delhi.]

[4][But this Act or any part thereof may by [5]notification in the Official Gazette be extended to the whole or any part of [6][the said territories] by the State Government concerned.]

[7][And any State Government may, [8]*** from time to time, by notification in the Official Gazette, exempt, either retrospectively or prospectively, any part of the territories administered by such State Government from all or any of the following provisions, namely:—

Sections 54, paragraphs 2 and 3, 59, 107 and 123.]

चित्र 3. संपत्ति हस्तांतरण अधिनियम 1882 का पहला पृष्ठ

3.1 अधिनियम का परिचय

संपत्ति का हस्तांतरण अधिनियम उन शर्तों और प्रक्रियाओं को बताता है जिनके बाद एक संपत्ति एक व्यक्ति से दूसरे व्यक्ति को स्थानांतरित की जा

सकती है। यह बिक्री, बंधक, पट्टे, विनिमय और उपहार सहित संपत्ति के हस्तांतरण के विभिन्न तरीकों पर चर्चा करता है।

इस अधिनियम में, संपत्ति में चल और अचल संपत्ति दोनों शामिल हैं। संपत्ति के हस्तांतरण, अधिनियम के अनुसार, वर्तमान या भविष्य में एक कंपनी या व्यक्तियों के समूह सहित, खुद को या किसी अन्य जीवित व्यक्ति को संपत्ति देने के रूप में परिभाषित किया गया है। संपत्ति के अधिकार, हित, स्वामित्व और/या कब्जा हस्तांतरित किया जा सकता है।

संपत्ति हस्तांतरण अधिनियम के अनुसार, कोई भी व्यक्ति जो मानसिक रूप से सक्षम है और अनुबंध करने के लिए अन्य शर्तों को पूरा करता है, संपत्ति दूसरे को हस्तांतरित कर सकता है, बशर्ते वे संपत्ति के मालिक हों या इसे स्थानांतरित करने के लिए अधिकृत हों। वे इसे मौखिक रूप से या लिखित रूप में, स्वयं या किसी सक्षम वकील को नियुक्त करके स्थानांतरित कर सकते हैं।

3.2 अधिनियम के तहत संपत्ति के हस्तांतरण के लिए शर्तें

स्थानांतरण की शर्तें इस प्रकार हैं:

- स्थानांतरण दो जीवित व्यक्तियों के बीच होना चाहिए।
- हस्तांतरित की जा रही संपत्ति हस्तांतरणीय होनी चाहिए। इसमें ऐसी कोई भी परिस्थिति नहीं होनी चाहिए जिसमें इसे स्थानांतरित नहीं किया जा सके, जैसे किसी संपत्ति के उत्तराधिकारी के उत्तराधिकारी की संभावना। यह सभी लोगों की एक सामान्य संपत्ति नहीं होनी चाहिए, जैसे कि हवा या समुद्र, जिसे स्थानांतरित नहीं किया जा सकता है।
- हस्तांतरण करने वाले व्यक्ति को संपत्ति का मालिक होना चाहिए या इसे स्थानांतरित करने के लिए कानूनी रूप से सक्षम होना चाहिए।

- हस्तांतरण एक वैध विधि जैसे बिक्री, विनिमय, बंधक, पट्टे या उपहार के माध्यम से किया जाना चाहिए।
- स्थानांतरण शाश्वतता के नियम के विरुद्ध नहीं हो सकता। उदाहरण के लिए, अनंत समय के बाद या इसमें शामिल किसी भी व्यक्ति के जीवनकाल के बाद होने वाले स्थानांतरण के लिए कोई शर्त नहीं होनी चाहिए।

3.3 अधिनियम के तहत व्याख्या

संपत्ति के हस्तांतरण अधिनियम में, कुछ व्याख्याएं बताई गई हैं। अचल संपत्ति में खड़ी लकड़ी, फसल उगाना या घास शामिल नहीं है। स्थानांतरण को आमतौर पर दो या दो से अधिक गवाहों द्वारा सत्यापित किया जाना चाहिए। अचल संपत्ति के हस्तांतरण को आमतौर पर उस राज्य के कानूनों के तहत पंजीकृत किया जाना चाहिए जहां संपत्ति रहती है। एक सशर्त हस्तांतरण, जहां संपत्ति को एक ऐसी शर्त की पूर्ति पर स्थानांतरित किया जाता है जो असंभव है, या अनिश्चित भविष्य की घटना पर निर्भर है, या निषिद्ध है, या किसी व्यक्ति को चोट पहुंचाता है, को शून्य माना जाता है और हस्तांतरण अमान्य है।

इस अधिनियम में भारत के विभिन्न राज्यों जैसे असम और दिल्ली में विभिन्न स्थानीय कानूनों के लिए विशिष्ट संशोधन भी शामिल हैं।

3.4 अधिनियम के तहत स्थानान्तरण के प्रकार

अधिनियम विभिन्न तरीकों का वर्णन करता है जिसमें संपत्ति को स्थानांतरित किया जा सकता है। इनमें से प्रत्येक के लिए, यह स्थानांतरण प्रक्रिया और हस्तांतरण के पक्षकारों के अधिकारों और कर्तव्यों का वर्णन करता है।

अधिनियम में वर्णित विभिन्न प्रकार के स्थानांतरण इस प्रकार हैं:

- **संपत्ति की बिक्री:** बिक्री का अर्थ है भुगतान या वादा किए गए मूल्य पर स्वामित्व का हस्तांतरण।
- **अचल संपत्ति का बंधक:** यह एक ऋण के लिए सुरक्षा के रूप में अचल संपत्ति में ब्याज के हस्तांतरण को संदर्भित करता है। इस अधिनियम में गिरवी रखने वाले और गिरवीदार के अधिकारों और देनदारियों पर विस्तृत निर्देश हैं। इसमें विवरण होता है कि बंधक को कैसे भुनाया जा सकता है, बंधक के फौजदारी की प्रक्रिया, एक रिसीवर कैसे नियुक्त किया जा सकता है आदि।
- **अचल संपत्ति का पट्टा:** यह एक निर्दिष्ट समय के लिए और एक राशि या किराए के नियमित भुगतान पर संपत्ति का आनंद लेने के अधिकारों का हस्तांतरण है।
- **विनिमय:** जब दो व्यक्ति परस्पर एक वस्तु के स्वामित्व को दूसरी वस्तु के लिए या केवल धन के लिए हस्तांतरित करते हैं, तो इसे विनिमय कहा जाता है।

3.5 लिस पेंडेंस का सिद्धांत (धारा 52)

"लिस पेंडेंस" का शाब्दिक अर्थ है "लंबित मुकदमेबाजी।" संपत्ति हस्तांतरण अधिनियम की धारा 52 यह प्रावधान करती है कि यदि कोई संपत्ति न्यायालय में विवाद के अधीन है, तो उसे मुकदमे के निपटारे तक किसी अन्य व्यक्ति को कानूनी रूप से हस्तांतरित नहीं किया जा सकता।

इस सिद्धांत का उद्देश्य कपटपूर्ण हस्तांतरण को रोकना और संपत्ति मुकदमेबाजी में शामिल पक्षों की रक्षा करना है।

उदाहरण: व्यक्ति 'क' और 'ख' किसी भूमि के स्वामित्व को लेकर न्यायालय में हैं। यदि 'क' मुकदमे के दौरान भूमि को 'ग' को बेचने का प्रयास करता है, तो यह बिक्री न्यायालय के अंतिम निर्णय के अधीन होगी।

3.6 आंशिक पालन का सिद्धांत (धारा 53-क)

संपत्ति हस्तांतरण अधिनियम की धारा 53-क उस हस्तांतरिती को कानूनी सुरक्षा प्रदान करती है जिसने अचल संपत्ति के हस्तांतरण के अनुबंध का आंशिक रूप से पालन किया है। इस सिद्धांत के अनुसार, यदि:

- अचल संपत्ति के हस्तांतरण के लिए एक वैध लिखित अनुबंध विद्यमान है,
- हस्तांतरिती ने संपत्ति का कब्जा ले लिया है या अनुबंध के अनुसरण में कोई कार्य किया है,
- हस्तांतरिती ने अपने दायित्वों को पूरा किया है या पूरा करने के लिए तैयार है,

तो हस्तांतरणकर्ता संपत्ति के संबंध में हस्तांतरिती के विरुद्ध कोई अधिकार लागू नहीं कर सकता।

उदाहरण: 'X' एक वैध लिखित अनुबंध के माध्यम से 'Y' को एक भूखंड बेचने पर सहमत होता है। 'Y' आंशिक भुगतान करके संपत्ति पर कब्जा ले लेता है और निर्माण प्रारंभ करता है। बाद में 'X' संपत्ति वापस लेने का प्रयास करे, तो 'Y' इस सिद्धांत का उपयोग करके अपने कब्जे की रक्षा कर सकता है।

3.7 कपटपूर्ण हस्तांतरण (धारा 53)

अधिनियम की धारा 53 लेनदारों को धोखा देने के इरादे से किए गए हस्तांतरण से संबंधित है। कोई भी संपत्ति हस्तांतरण जो जानबूझकर लेनदारों को धोखा देने के लिए किया गया हो, लेनदारों के विकल्प पर शून्यकरणीय होता है।

उदाहरण: व्यक्ति 'A' पर 'B' का ऋण है। पुनर्भुगतान से बचने के लिए 'A' अपनी संपत्ति बिना उचित मूल्य प्राप्त किए 'C' को हस्तांतरित कर देता है। 'B' इस हस्तांतरण को कपटपूर्ण बताते हुए न्यायालय में शून्य घोषित करवा सकता है।

3.8 पंजीकरण और स्टाम्प शुल्क का महत्व

पंजीकरण अधिनियम 1908 और संबंधित राज्य स्टाम्प शुल्क अधिनियम यह अनिवार्य करते हैं कि संपत्ति हस्तांतरण को उचित रूप से स्टाम्पित और पंजीकृत किया जाए। एक वर्ष से अधिक की बिक्री या पट्टे को पंजीकृत न करने पर वह हस्तांतरण कानूनी रूप से अमान्य हो जाता है। उचित पंजीकरण सुनिश्चित करता है:

- स्वामित्व का सार्वजनिक अभिलेख
- धोखाधड़ी से सुरक्षा
- न्यायालय में साक्ष्य के रूप में स्वीकार्यता
- **उपहार:** उपहार एक पक्ष द्वारा दूसरे पक्ष को, स्वेच्छा से और बिना किसी प्रतिफल के चल या अचल संपत्ति का हस्तांतरण है, और प्राप्तकर्ता पक्ष द्वारा स्वीकार किया जाता है।
- **कार्रवाई योग्य दावा:** कार्रवाई योग्य दावे के हस्तांतरण का अर्थ है ऋण जैसे दावे पर संपत्ति का हस्तांतरण, देनदार से उस व्यक्ति को, जिस पर वे कर्ज में हैं, या जिनके खिलाफ कानूनी रूप से लागू करने योग्य दावा है।

उपरोक्त प्रत्येक प्रकार के स्थानान्तरण के लिए, अधिनियम प्रक्रिया निर्धारित करता है और हस्तांतरण के लिए पार्टियों के अधिकारों और देनदारियों को परिभाषित करता है।

अध्याय 4: अचल संपत्ति की बिक्री से संबंधित कानून

इस अध्याय में हम संपत्ति हस्तांतरण अधिनियम 1882 के तहत अचल संपत्ति की बिक्री से संबंधित कानून पर चर्चा करते हैं।

4.1 बिक्री की परिभाषा और बिक्री के लिए अनुबंध

बिक्री को भुगतान की गई कीमत के बदले स्वामित्व के हस्तांतरण के रूप में परिभाषित किया गया है। बिक्री के लिए एक अनुबंध एक अनुबंध है जो बिक्री के दो पक्षों के बीच बिक्री के लिए समझौते की शर्तों को परिभाषित करता है।

4.2 खरीदार और विक्रेता के अधिकार और दायित्व

अधिनियम में परिभाषित अधिकार और दायित्व इसके विपरीत अनुबंध के अभाव में खरीदार और विक्रेता के लिए लागू होते हैं।

विक्रेता संपत्ति में किसी भी भौतिक दोष का खुलासा करने के लिए, खरीदार को संपत्ति के दस्तावेज पेश करने के लिए, संपत्ति के बारे में किसी भी प्रासंगिक प्रश्न का उत्तर देने के लिए, मूल्य का भुगतान करने के बाद हस्तांतरण को निष्पादित करने के लिए, और संपत्ति की बिक्री के दिन तक संपत्ति के शुल्क और किराए का भुगतान करने के लिए बाध्य है।

विक्रेता बिक्री के दिन तक संपत्ति से किराए और अन्य हितों का हकदार है।

संपत्ति के खरीदार, अधिनियम के अनुसार, विक्रेता को संपत्ति में किसी भी हित का खुलासा करने के लिए बाध्य है, जिसके बारे में विक्रेता को पता नहीं हो सकता है, जैसे संपत्ति के नीचे तेल का अस्तित्व। वह खरीदार को खरीद के पैसे का भुगतान करने के लिए बाध्य है, विक्रेता की वजह से संपत्ति के किसी भी नुकसान को सहन करने के लिए, और बिक्री पूरी होने के बाद सभी सार्वजनिक शुल्क और किराए का भुगतान करने के लिए बाध्य है।

खरीदार बिक्री के बाद संपत्ति के मूल्य में किसी भी वृद्धि से लाभ का हकदार है।

4.3 बिक्री पर इनकम्ब्रेन्स (भार) का निर्वहन

यहां इनकम्ब्रेन्स (भार) संपत्ति पर एक बोझ जैसे कि एक बंधक को संदर्भित करता है।

यदि संपत्ति के पास किसी तीसरे पक्ष से बंधक है, जो अदालत से अपनी बकाया राशि की वसूली की फाइल करता है, तो अदालत बिक्री से प्राप्त आय का हिस्सा बंधक और किसी भी अन्य लागत का भुगतान करने के लिए ले सकती है जो उत्पन्न हो सकती है। इन आय के साथ, अदालत पार्टी को सीधे भुगतान या हस्तांतरण कर सकती है।

4.4 स्पष्ट स्वामित्व (Title) सत्यापन का महत्व

अचल संपत्ति खरीदने में एक महत्वपूर्ण कदम यह सत्यापित करना है कि विक्रेता के पास स्पष्ट और विपणन योग्य स्वामित्व है। स्वामित्व सत्यापन से सहायता मिलती है:

- विक्रेता के संपत्ति बेचने के अधिकार की पुष्टि करना

- यह सुनिश्चित करना कि संपत्ति विवादों, बंधकों, मुकदमेबाजी या अन्य भार से मुक्त है
- भविष्य के विवादों या वित्तीय हानि की रोकथाम करना

खरीदार आमतौर पर बिक्री को अंतिम रूप देने से पहले पूरी जाँच करने और स्वामित्व सत्यापन रिपोर्ट जारी करने के लिए कानूनी विशेषज्ञों को नियुक्त करते हैं।

4.5 संपत्ति का नामांतरण (Mutation)

नामांतरण का अर्थ है संपत्ति हस्तांतरण के बाद नए मालिक का नाम सरकारी अभिलेखों में दर्ज करना। हालाँकि नामांतरण स्वयं स्वामित्व प्रदान नहीं करता, फिर भी यह महत्वपूर्ण है क्योंकि:

- यह सुनिश्चित करता है कि कर उद्देश्यों के लिए संपत्ति के अभिलेख अद्यतन हैं
- सरकारी राजस्व अभिलेखों में स्वामित्व का प्रमाण स्थापित करता है
- भविष्य में ऋण लेने या संपत्ति बेचते समय नए मालिक की सहायता करता है

नामांतरण में विलंब से कानूनी जटिलताएँ उत्पन्न हो सकती हैं, इसलिए विक्रय विलेख के पंजीकरण के बाद शीघ्र नामांतरण प्रक्रिया पूरी करना उचित है।

4.6 बिक्री लेनदेन का डिजिटलीकरण

हाल के वर्षों में विभिन्न भारतीय राज्यों ने डिजिटल प्रौद्योगिकी अपनाकर संपत्ति बिक्री लेनदेन को सरल बनाया है:

- ऑनलाइन संपत्ति पंजीकरण: ई-रजिस्ट्रेशन प्रणाली कागजी कार्रवाई कम करती है और धोखाधड़ी के जोखिम को घटाती है।
- डिजिटल भुगतान: RTGS या NEFT के माध्यम से भुगतान से दस्तावेजी लेनदेन इतिहास बनता है।
- ई-स्टाम्पिंग: सुविधाजनक और सुरक्षित स्टाम्प शुल्क भुगतान की सुविधा।
- डिजिटल भूमि अभिलेख: भूलेख, भूमि, बांगलारभूमि जैसे पोर्टल संपत्ति के अभिलेखों तक आसान पहुँच प्रदान करते हैं।

अध्याय 5: संपत्ति के बंधक से संबंधित कानून

इस अध्याय में हम संपत्ति हस्तांतरण अधिनियम में अचल संपत्ति के बंधक से संबंधित अनुभागों पर चर्चा करते हैं।

5.1 बंधक की परिभाषा और प्रकार

बंधक (मॉर्गेज) एक पार्टी से दूसरी पार्टी को ऋण के बदले में संपत्ति में हितों का अस्थायी हस्तांतरण है।

उदाहरण के लिए, संपत्ति के खरीदार ने बिक्री के लिए भुगतान करने के लिए बैंक से ऋण लिया होगा, इस प्रकार संपत्ति को बैंक को गिरवी रख दिया।

बंधक विभिन्न प्रकार के हो सकते हैं:

- **साधारण बंधक** का अर्थ है वह व्यक्ति जो बंधक लेता है, उसे स्वयं चुकाने का वचन देता है।
- **सशर्त बिक्री द्वारा बंधक** का अर्थ है कि बंधक संपत्ति को इस शर्त पर बेचता है कि यदि किसी निश्चित तिथि तक भुगतान में चूक होती है, तो बंधक पूर्ण हो जाएगा, लेकिन यदि भुगतान पूरी तरह से किया जाता है, तो बिक्री शून्य हो जाएगी।
- **यूसुफ्रक्चुअरी बंधक** का मतलब है कि गिरवी रखने वाले को संपत्ति से किराया और मुनाफा तब तक मिलता है जब तक कि ऋण पूरी तरह से चुकाया नहीं जाता है।
- **अंग्रेजी बंधक** वह जगह है जहां गिरवीदार खुद को बंधक का भुगतान करने के लिए बाध्य करता है और संपत्ति को पूरी तरह से स्थानांतरित कर देता है, लेकिन इस प्रावधान के अधीन कि वह सहमति के अनुसार किए गए भुगतान के अधीन इसे वापस स्थानांतरित कर देगा।

- **टाइटल डीड जमा करके बंधक** वह जगह है जहां ऋण के बदले में लेनदार को टाइटल डीड जमा की जाती है।

5.2 गिरवी रखने वाले के अधिकार और दायित्व

एक बार ऋण चुकाने के बाद गिरवी रखने वाले को संपत्ति को भुनाने का अधिकार है। उन्हें टाइटल डीड और अन्य संपत्ति दस्तावेजों का निरीक्षण करने का अधिकार है जो जरूरत पड़ने पर ऋण देने वाले व्यक्ति के पास रखे गए हैं। उन्हें कर्ज चुकाने पर कब्जा वापस लेने का अधिकार है।

5.3 गिरवीकर्ता द्वारा निहित अनुबंध

गिरवी रखने वाले और गिरवीदार के बीच एक निहित अनुबंध है, जिसमें कहा गया है कि:

- वह ब्याज जो बन्धककर्ता गिरवीदार को हस्तांतरित करने का दावा करता है, वह रहता है, और यह कि गिरवी रखने वाले के पास उसे हस्तांतरित करने की शक्ति है
- जब तक गिरवीदार गिरवी रखी गई संपत्ति पर नियंत्रण नहीं रखता, तब तक गिरवी रखने वाला संपत्ति के संबंध में देय सभी सार्वजनिक शुल्कों का भुगतान करेगा।
- जहां गिरवी रखी गई संपत्ति एक पट्टा है, कि पट्टे के तहत देय किराया, पट्टेदार पर बाध्यकारी शर्तों और अनुबंधों का भुगतान किया गया है और बंधक के शुरू होने तक निष्पादित किया गया है

गिरवी रखने वाले के पास पट्टे बनाने की भी शक्ति होगी जो गिरवीदार के लिए बाध्यकारी होगा।

5.4 गिरवीदार के अधिकार और दायित्व

गिरवीदार को अदालत से उपयुक्त डिक्री प्राप्त करके संपत्ति के फौजदारी या बिक्री का अधिकार है। वह किसी भी समय बंधक धन ऋण देय होने के बाद इसे फौजदारी कर सकता है। अगर गिरवी रखी गई संपत्ति पूरी तरह या आंशिक रूप से गिरवीदार या गिरवीदार की गलती के बिना नष्ट हो जाती है, तो उन्हें गिरवी धन के लिए मुकदमा करने का अधिकार है। उन्हें गिरवी रखी गई संपत्ति के लिए एक रिसीवर नियुक्त करने का अधिकार है। यदि गिरवी रखी गई संपत्ति पट्टे पर है जिसे नवीनीकृत किया गया है, तो गिरवीदार नए पट्टे का हकदार है। यदि बंधक भुगतान करने में विफल रहता है या बकाया है तो उन्हें राजस्व बिक्री की आय का अधिकार है।

गिरवीदार की देनदारियों की बात करें तो, यदि गिरवीदार गिरवी के दौरान संपत्ति पर कब्जा कर लेता है, तो उन्हें संपत्ति का प्रबंधन करना होगा, किराए और मुनाफे को इकट्ठा करना होगा, करों का भुगतान करना होगा, आवश्यक मरम्मत करनी होगी, संपत्ति पर कोई विनाश नहीं करना होगा।

5.5 अधिनियम के अनुसार बंधक के बारे में विविध मदें

गिरवी रखने वाला उस धन को अदालत में जमा कर सकता है जो गिरवी पर देय है, जिसके बाद अदालत एक नोटिस दे सकती है, जो अगर गिरवी रखने वाला सहमत होता है, तो वह गिरवी को मुक्त कर देगा और गिरवी रखने वाले के सभी दस्तावेज वापस कर दिए जाएंगे। एक बार जब गिरवीकर्ता इस तरह से बकाया राशि वापस कर देता है, तो मूल धन पर ब्याज उस तिथि से समाप्त हो जाएगा।

5.6 उप-बंधक (Sub-Mortgage)

उप-बंधक तब होता है जब कोई गिरवीदार (ऋणदाता) अपने अधिकारों को किसी अन्य ऋणदाता को गिरवी रख देता है। मूल उधारकर्ता के

दायित्व अपरिवर्तित रहते हैं। द्वितीय ऋणदाता को मूल गिरवीदार से भुगतान प्राप्त करने का अधिकार मिल जाता है।

5.7 एकाधिक बंधकों में प्राथमिकता

जब एक ही संपत्ति पर एकाधिक बंधक बनाए जाते हैं, तो चूक की स्थिति में प्राथमिकता का सिद्धांत यह निर्धारित करता है कि किस गिरवीदार को पहले भुगतान मिलेगा:

- प्रथम गिरवीदार: पुनर्भुगतान पर प्राथमिक अधिकार। संपत्ति बिकने पर पहले उनकी बकाया राशि चुकाई जाती है।
- परवर्ती गिरवीदार: प्रथम बंधक की संतुष्टि के बाद शेष आय से अपनी बकाया राशि वसूल करते हैं।

प्राथमिकता सामान्यतः बंधक के निर्माण और पंजीकरण की तिथि से स्थापित होती है।

5.8 भार (Charge) और बंधक में अंतर

भार (Charge) और बंधक दोनों संपत्ति पर सुरक्षा हित हैं, किंतु इनमें महत्वपूर्ण अंतर है:

- बंधक: ऋण चुकाने की सुरक्षा के रूप में विशिष्ट अचल संपत्ति में हित के हस्तांतरण को शामिल करता है।
- भार: केवल संपत्ति से भुगतान प्राप्त करने का अधिकार प्रदान करता है, किंतु स्वामित्व या हित हस्तांतरित नहीं करता। यह केवल एक सुरक्षा अधिकार है।

गिरवी रखने वाले के अलावा, गिरवी रखी गई संपत्ति में रुचि रखने वाले अन्य व्यक्ति, या गिरवी रखने वाले के लेनदार, गिरवी के मोचन के लिए

मुकदमा दायर कर सकते हैं। उसके लिए, उन्हें संपत्ति के मोचन, फौजदारी या बिक्री के संबंध में गिरवीदार के समान अधिकार होंगे।

अध्याय 6: संपत्ति के पट्टे से संबंधित कानून

इस अध्याय में, हम संपत्ति हस्तांतरण अधिनियम में अचल संपत्ति के पट्टे से संबंधित वर्गों पर चर्चा करते हैं।

6.1 परिभाषा और पट्टे के प्रकार

अचल संपत्ति का पट्टा निश्चित और सहमत अवधि के लिए संपत्ति का आनंद लेने के अधिकार का हस्तांतरण है, या एक पक्ष द्वारा किसी अन्य पार्टी को धन या किसी अन्य मूल्य की राशि के भुगतान पर स्थायी रूप से हस्तांतरित किया जाता है। राशि को प्रीमियम कहा जाता है।

6.2 पट्टा कैसे बनाया जाता है

अचल संपत्ति का पट्टा एक पंजीकृत साधन द्वारा किया जाता है, जैसे पंजीकृत कागज पर एक समझौता। इसे एक निश्चित राशि या वार्षिक किराए के भुगतान पर साल-दर-साल, या एक निश्चित अवधि जो एक वर्ष से अधिक है, बनाया जा सकता है।

6.3 पट्टे के पक्षकारों के अधिकार और दायित्व

पट्टे पर सहमत होने से पहले पट्टेदार संपत्ति में किसी भी दोष का खुलासा करने के लिए बाध्य है। जब तक पट्टे का प्राप्तकर्ता पट्टे पर अनुबंध का पालन करता है, तब तक वे बिना किसी रुकावट के पट्टे के समय के लिए संपत्ति धारण कर सकते हैं।

पट्टे के प्राप्तकर्ता के लिए, यदि संपत्ति प्राकृतिक कारण या आग या युद्ध से नष्ट हो जाती है, तो पट्टा शून्य हो जाएगा। यदि पट्टेदार संपत्ति की आवश्यक मरम्मत नहीं करता है, तो पट्टे का प्राप्तकर्ता इसे कर सकता है और किराए से इसकी लागत घटा सकता है। पट्टे का प्राप्तकर्ता समय पर सहमत किराए या प्रीमियम का भुगतान करने के लिए बाध्य है। वह किसी भी उचित टूट-फूट को छोड़कर, पट्टे की समाप्ति पर संपत्ति को उसकी मूल स्थिति में बहाल करने के लिए बाध्य है। उसे पट्टेदार की सहमति के बिना संपत्ति पर कोई स्थायी निर्माण नहीं करना चाहिए।

6.4 उप-पट्टा और पट्टे का असाइनमेंट

कभी-कभी एक पट्टेदार (लेसी) पट्टे की संपत्ति का आगे पट्टा बना सकता है। इसे उप-पट्टा (Sub-Lease) कहते हैं:

- उप-पट्टा: मूल पट्टेदार किसी अन्य व्यक्ति को पट्टा प्रदान करता है। मूल पट्टेदार मूल मालिक के प्रति अपने दायित्वों के लिए जिम्मेदार रहता है।
- पट्टे का असाइनमेंट: पट्टेदार पट्टे के सभी अधिकार और दायित्व किसी अन्य पक्ष को हस्तांतरित कर देता है, जो नया पक्ष सीधे मालिक के प्रति उत्तरदायी हो जाता है।

6.5 पट्टे की समाप्ति

पट्टा कई तरीकों से समाप्त हो सकता है:

- पट्टा अवधि की समाप्ति: निश्चित अवधि पूरी होने पर पट्टा स्वतः समाप्त हो जाता है।

- नोटिस: अनिश्चित अवधि के पट्टों में उचित नोटिस देने पर पट्टा समाप्त होता है।
- आपसी सहमति: दोनों पक्ष अवधि से पहले पट्टा समाप्त करने पर सहमत हो सकते हैं।
- जब्ती: पट्टेदार द्वारा शर्तों का उल्लंघन होने पर मालिक पट्टा समाप्त कर सकता है।
- समर्पण: किरायेदार स्वेच्छा से संपत्ति वापस कर देता है और मालिक उसे स्वीकार कर लेता है।

6.6 पट्टा और लाइसेंस में अंतर

पट्टा (Lease) और लाइसेंस (License) दो अलग-अलग कानूनी व्यवस्थाएँ हैं:

- पट्टा: एक निश्चित अवधि के लिए संपत्ति में विशेष कब्जा और हित हस्तांतरित करता है। पट्टेदार के अधिकार कानून द्वारा संरक्षित हैं।
- लाइसेंस: केवल संपत्ति का अस्थायी उपयोग करने की अनुमति देता है, बिना कब्जा या हित हस्तांतरित किए। लाइसेंसदाता के विवेक पर रद्द किया जा सकता है।

उदाहरण: एक वर्ष के लिए फ्लैट किराए पर लेना पट्टा है। किसी कार्यक्रम के लिए संपत्ति का अस्थायी उपयोग लाइसेंस है।

यदि किराए का समय पर भुगतान नहीं किया जाता है, तो पट्टेदार संपत्ति से पट्टे के प्राप्तकर्ता को बेदखल करने के लिए मुकदमा कर सकता है। हालांकि, अगर वह मुकदमे के ब्याज और लागत के साथ बकाया का

भुगतान करता है, तो अदालत उसे इस तरह की जब्ती से मुक्त करने का आदेश पारित कर सकती है।

अध्याय 7: संपत्ति के आदान-प्रदान से संबंधित कानून

इस अध्याय में, हम संपत्ति हस्तांतरण अधिनियम में अचल संपत्ति के आदान-प्रदान से संबंधित अनुभागों पर चर्चा करते हैं।

7.1 विनिमय की परिभाषा

अचल संपत्ति का आदान-प्रदान एक लेनदेन है जब दो व्यक्ति पारस्परिक रूप से एक चीज के स्वामित्व को दूसरी चीज के लिए, या केवल पैसे के लिए स्थानांतरित करते हैं।

7.2 बदले में पार्टियों के अधिकार और देनदारियां

एक एक्सचेंज में दोनों पक्षों के समान अधिकार और देनदारियां होती हैं जैसे कि बिक्री निम्नानुसार है:

- **संपत्ति जो वे देते हैं**: एक विक्रेता के अधिकार और दायित्व
- **संपत्ति जो वे लेते हैं**: एक खरीदार के अधिकार और देनदारियां

यदि विनिमय पैसे का है, तो प्रत्येक पक्ष को दिए गए धन की वास्तविकता दिखानी होगी।

7.3 विनिमय के लिए आवश्यक तत्व

संपत्ति हस्तांतरण अधिनियम 1882 के तहत एक वैध विनिमय के लिए निम्नलिखित तत्वों का होना आवश्यक है:

- आपसी सहमति: दोनों पक्षों को बिना किसी दबाव, अनुचित प्रभाव या धोखाधड़ी के स्वेच्छा से सहमत होना चाहिए।
- संपत्ति का अस्तित्व: विनिमय में शामिल दोनों संपत्तियाँ विद्यमान और स्पष्ट रूप से पहचाने योग्य होनी चाहिए।
- कानूनी क्षमता: दोनों पक्षों को अपनी संपत्ति हस्तांतरित करने के लिए कानूनी रूप से सक्षम होना चाहिए।
- विनिमय और बिक्री में अंतर: बिक्री में संपत्ति के बदले धन मिलता है, जबकि विनिमय में संपत्ति के बदले संपत्ति मिलती है। दोनों पक्ष एक साथ विक्रेता और खरीदार की भूमिका निभाते हैं।

7.4 विनिमय लेनदेन में स्टाम्प शुल्क और पंजीकरण

अचल संपत्तियों के विनिमय में स्टाम्प शुल्क और पंजीकरण बिक्री के समान होता है:

- पंजीकरण: ₹100 से अधिक मूल्य की अचल संपत्ति के विनिमय के लिए पंजीकरण अधिनियम 1908 के तहत पंजीकरण अनिवार्य है।
- स्टाम्प शुल्क: विनिमय की गई संपत्तियों में से अधिक बाजार मूल्य वाली संपत्ति के आधार पर देय होता है।

गैर-पंजीकरण या अपर्याप्त स्टाम्पिंग से विनिमय अमान्य हो सकता है।

अध्याय 8: संपत्ति के उपहार से संबंधित कानून

इस अध्याय में हम संपत्ति हस्तांतरण अधिनियम में अचल संपत्ति के उपहार से संबंधित वर्गों पर चर्चा करते हैं।

8.1 संपत्ति हस्तांतरण अधिनियम के तहत उपहारों का परिचय

उपहार का अर्थ है बिना किसी प्रतिफल या भुगतान के संपत्ति का हस्तांतरण। इसे एक पक्ष (दाता) द्वारा दूसरी पार्टी (ग्रहीता) को हस्तांतरित किया जाता है और प्राप्तकर्ता द्वारा स्वीकार किया जाता है।

उपहार के वैध होने के लिए, हस्तांतरण को दाता द्वारा हस्ताक्षरित एक पंजीकृत साधन पर प्रभावित होना चाहिए, और कम से कम दो गवाहों द्वारा प्रमाणित होना चाहिए। उपहार मौजूदा संपत्ति का होना चाहिए, भविष्य की संपत्ति का नहीं।

किसी उपहार को केवल कुछ मामलों में ही निलंबित या निरस्त किया जा सकता है। उदाहरण के लिए, ऐसा ही एक मामला यह है कि यदि उपहार हस्तांतरण एक अनुबंध था, तो अनुबंध को रद्द किया जा सकता है।

उपहार के मामले में, प्राप्तकर्ता उपहार के हिस्से को स्वीकार नहीं कर सकता है, उसे पूरा उपहार स्वीकार करना होगा या कुछ भी नहीं लेना होगा।

8.2 उपहार की वापसी (Revocation of Gift)

सामान्यतः, एक बार संपत्ति का उपहार कानूनी रूप से पूर्ण हो जाने के बाद उसे वापस नहीं लिया जा सकता। हालाँकि, कुछ विशेष परिस्थितियों में वापसी संभव है:

- आपसी सहमति: दाता और प्राप्तकर्ता दोनों स्वेच्छा से उपहार वापस लेने पर सहमत हों।
- सशर्त उपहार: यदि उपहार किसी शर्त के साथ दिया गया था और प्राप्तकर्ता उस शर्त को पूरा करने में विफल रहता है।
- धोखाधड़ी या दबाव: यदि उपहार जबरदस्ती, धोखाधड़ी या अनुचित प्रभाव के कारण दिया गया था।

केवल मन बदल लेना या पछतावा उपहार वापस लेने का आधार नहीं है।

8.3 उपहार पर कर का प्रभाव

अचल संपत्ति के उपहार पर भारतीय आयकर कानून के अंतर्गत महत्वपूर्ण कर दायित्व होते हैं:

- गैर-रिश्तेदारों से ₹50,000 से अधिक मूल्य की संपत्ति का उपहार प्राप्तकर्ता के हाथ में 'अन्य स्रोतों से आय' के रूप में कर योग्य है।
- छूट: निकट रिश्तेदारों (जैसे जीवनसाथी, माता-पिता, भाई-बहन) से, विवाह के अवसर पर, या उत्तराधिकार से प्राप्त उपहार कर से मुक्त हैं।

इसलिए संपत्ति उपहार में देने से पहले कर दायित्वों पर सावधानीपूर्वक विचार करना आवश्यक है।

8.4 हिंदू और मुस्लिम कानून के अंतर्गत उपहार

भारत में व्यक्तिगत कानून उपहार की प्रक्रिया को प्रभावित कर सकते हैं:

- हिंदू कानून: स्व-अर्जित संपत्ति का उपहार स्वतंत्र रूप से दिया जा सकता है। पैतृक संपत्ति के उपहार पर प्रतिबंध है।
- मुस्लिम कानून (हिबा): मौखिक उपहार अनुमेय है यदि तत्काल कब्जा दे दिया जाए और प्राप्तकर्ता द्वारा स्वीकृत हो।

अध्याय 9: भारतीय उत्तराधिकार अधिनियम 1925

इस अध्याय में हम भारतीय उत्तराधिकार अधिनियम 1925 पर चर्चा करते हैं, जो किसी व्यक्ति की मृत्यु पर विरासत के माध्यम से चल और अचल संपत्ति के हस्तांतरण को नियंत्रित करता है। इस अधिनियम को पहली बार 1925 में ब्रिटिश भारत में तैयार किया गया था, लेकिन बाद में इसमें कुछ संशोधन किए गए हैं।

9.1 भारतीय उत्तराधिकार अधिनियम का परिचय

भारतीय उत्तराधिकार अधिनियम 1925 निर्वसीयत (वसीयत के बिना मरना) और वसीयतनामा उत्तराधिकार (उत्तराधिकार जहां एक वसीयत मौजूद है) पर लागू कानून को मजबूत करने के लिए एक अधिनियम है। इस कानून का उद्देश्य वसीयत और उत्तराधिकार के विषय पर वैधानिक कानून के पूरे निकाय को पूर्ण रूप में प्रस्तुत करना है।

"उत्तराधिकार" शब्द का सामान्य अर्थ एक मृत व्यक्ति के संपत्ति अधिकारों और दायित्वों के एक या एक से अधिक व्यक्तियों को कानून या वसीयत द्वारा हस्तांतरण है।

THE INDIAN SUCCESSION ACT, 1925

ACT NO. 39 OF 1925[1]

[30*th September*, 1925.]

An Act to consolidate the law applicable to intestate and testamentary succession [2]***.

WHEREASit is expedient to consolidate the law applicable to intestate and testamentary succession [2]***. It is hereby enacted as follows:—

PART I

PRELIMINARY

1. Short title.—This Act may be called the Indian Succession Act, 1925.

2. Definitions.—In this Act, unless there is anything repugnant in the subject or context,—

(*a*) "administrator" means a person appointed by competent authority to administer the estate of a deceased person when there is no executor;

(*b*) "codicil" means an instrument made in relation to a Will, and explaining, altering or adding to its dispositions, and shall be deemed to form part of the Will;

[3][(*bb*) "District Judge" means the Judge of a Principal Civil Court of original jurisdiction;]

(*c*) "executor" means a person to whom the execution of the last Will of a deceased person is, by the testator's appointment, confided;

[4][(*cc*) "India" means the territory of India excluding the State of Jammu and Kashmir;]

(*d*) "Indian Christian" means a native of India who is, or in good faith claims to be, of unmixed Asiatic descent and who professes any form of the Christian religion;

चित्र 4. भारतीय उत्तराधिकार अधिनियम 1925 का पहला पृष्ठ

उत्तराधिकार का कानून किसी व्यक्ति की मृत्यु पर किसी अन्य व्यक्ति या व्यक्तियों को निहित संपत्ति के हस्तांतरण को नियंत्रित करने वाला कानून है।

अधिनियम उन मामलों पर चर्चा करता है जिनमें एक व्यक्ति वसीयत के साथ या बिना मर सकता है:

- एक व्यक्ति बिना वसीयत के मर जाता है, और कैसे उनकी चल और अचल संपत्ति को उनके विभिन्न वारिसों के बीच विभाजित किया जा सकता है, जैसे कि विधवा और बच्चों जैसे निकटतम रिश्तेदारों से।

- वसीयतनामा उत्तराधिकार, यानी जहां मृत व्यक्ति ने मरने से पहले एक वसीयत छोड़ी है, यह निर्दिष्ट करते हुए कि उनकी संपत्ति को कैसे और किसके बीच विभाजित किया जा सकता है।

9.2 अधिनियम का सारांश

भारतीय उत्तराधिकार अधिनियम में वसीयत और उत्तराधिकार के अन्य पहलुओं से संबंधित विभिन्न आधार शामिल हैं।

यह चर्चा करता है कि कौन वसीयत बना सकता है और नहीं, एक वैध वसीयत क्या है, विभिन्न प्रकार की वसीयतें, एक प्रशासक कैसे नियुक्त किया जा सकता है, कैसे प्रोबेट और उत्तराधिकार के पत्र दिए जा सकते हैं, कैसे ऋण, विरासत और उपहार का भुगतान किया जाना है। इसमें भारत के विभिन्न राज्यों के लिए बनाए गए अधिनियम में संशोधन भी शामिल हैं।

9.3 वसीयत के लक्षण

वसीयत निम्नलिखित में से किसी भी उद्देश्य से बनाया जा सकता है:

- उसकी मृत्यु के बाद वसीयतकर्ता की संपत्ति के निपटान के लिए और एक निष्पादक नियुक्त करने के लिए
- वसीयतनामा संरक्षक की नियुक्ति के लिए
- नियुक्ति की शक्ति का प्रयोग करने के लिए और
- पिछली वसीयत को रद्द करने या बदलने के लिए।

वसीयत की आवश्यक विशेषताएं इस प्रकार हैं:

- वसीयतकर्ता (वसीयत करने वाला व्यक्ति) के इरादे की कानूनी घोषणा होनी चाहिए
- घोषणा वसीयतकर्ता की संपत्ति के संबंध में होनी चाहिए
- घोषणा इस आशय की होनी चाहिए कि इसे वसीयतकर्ता की मृत्यु के बाद संचालित करना है, अर्थात यह वसीयतकर्ता के जीवन के दौरान प्रतिसंहरणीय होना चाहिए।
- वसीयत में वसीयतकर्ता की चल और अचल संपत्तियों को सूचीबद्ध किया जाता है और बताता है कि संपत्ति को कैसे और किसके बीच और किस अनुपात में विभाजित किया जाना है।
- वसीयत को दो गवाहों द्वारा हस्ताक्षरित और सत्यापित किया जाना चाहिए।

वसीयत तैयार करने से पहले, निम्नलिखित पर विचार करना आवश्यक है:

- क्या वसीयत का मसौदा तैयार करने के लिए वसीयतकर्ता सक्षम है
- क्या वह जिस संपत्ति के लिए वसीयत करना चाहता है, वह कानूनी रूप से सही है और जो वसीयतकर्ता को वसीयत करने के लिए सक्षम है
- क्या वसीयतकर्ता जो हित पैदा करना चाहता है वह कानूनी रूप से बनाया जा सकता है।
- क्या शर्तें जो कि वसीयतकर्ता को कानूनी रूप से थोपने की इच्छा है, लगाई जा सकती है
- क्या उसकी इच्छाओं को पूरा करने के लिए नियोजित मशीनरी पर्याप्त और कानूनी रूप से सही है

वसीयत के लिए भारतीय उत्तराधिकार अधिनियम द्वारा निम्नलिखित औपचारिकताएं निर्धारित की गई हैं:

- वसीयत लिखित रूप में बनाई जानी चाहिए, सिवाय इसके कि एक सिपाही या एयरमैन सक्रिय सेवा में हो या समुद्र में एक समुद्री यात्री, जो हिंदू, बौद्ध, सिख या जैन नहीं है, एक मौखिक वसीयत कर सकता है [धारा 63, 65]।
- इसे उसकी उपस्थिति में और उसकी दिशा [धारा 63 (ए)] द्वारा वसीयतकर्ता या किसी अन्य व्यक्ति द्वारा हस्ताक्षरित या चिह्नित किया जाना चाहिए। हस्ताक्षर को इस तरह रखा जाना चाहिए कि यह दिखाई दे कि इसका उद्देश्य वसीयत के रूप में लेखन को प्रभाव प्रदान करना था [धारा 63 (बी)]। सबसे अच्छा स्थान लेखन के अंत में है।
- वसीयत को दो या दो से अधिक व्यक्तियों द्वारा सत्यापित किया जाना चाहिए, जिनमें से प्रत्येक ने वसीयतकर्ता को अपने हस्ताक्षर या निशान बनाने के लिए देखा है या किसी अन्य व्यक्ति को वसीयतकर्ता की उपस्थिति और दिशा में हस्ताक्षर करते हुए देखा है। उपस्थित होने वाले प्रत्येक गवाह को वसीयतकर्ता की उपस्थिति में वसीयत पर हस्ताक्षर करना चाहिए, लेकिन यह आवश्यक नहीं है कि एक ही समय में एक से अधिक गवाह मौजूद हों [धारा 63 (ग)]।

9.4 एक वसीयत का उदाहरण

एक नमूना वसीयत का प्रारूप निम्नानुसार होगा:

मैं, ____, ____ के बेटे, उम्र ____ साल, पते के साथ ____, मेरे द्वारा बनाई गई मेरी सभी पूर्व वसीयत को रद्द कर रहा हूँ। ***मैं इसे अपनी अंतिम वसीयत बताता हूं।***

मैं अच्छे स्वास्थ्य का हूं और एक अच्छे दिमाग का अधिकारी हूं। यह वसीयत मेरे द्वारा स्वतंत्र रूप से बनाया गया है। मुझे इस वसीयत को बनाने में किसी ने भी प्रभावित या विवश नहीं किया है।

मैं इसके द्वारा ____ को नियुक्त करता हूं, इस वसीयत के एकमात्र कार्यकारी के रूप में।

मेरी पत्नी का नाम ____ है। हमारे पास ____ बच्चे हैं, जिनके नाम इस प्रकार हैं:

1.

2.

मेरे पास निम्नलिखित अचल और चल संपत्ति है:

1. ____ पता में एक फ्लैट

2. आभूषण, विभिन्न कंपनियों में शेयर, बैंक खातों में नकदी और नकदी।

मेरे पास सभी संपत्तियां हैं। इन परिसंपत्तियों पर मेरा पूरा अधिकार है।

मैं निम्नलिखित तरीकों से अपने सभी चल और अचल संपत्तियों को निम्नलिखित व्यक्तियों को सौंपता हूं

1. अपनी पत्नी को मैं अपने बैंक खाते देता हूं

2. अपने बेटे को मैं अपना घर देता हूं

(   )

वसीयतकर्ता का हस्ताक्षर

दिनांक

वसीयतकर्ता द्वारा हमारी उपस्थिति में अंतिम इच्छा के रूप में हस्ताक्षरित। हमने सामग्री को पूरी तरह से समझा और अनुमोदित किया है और जिसने

वसीयतकर्ता की उपस्थिति में और एक दूसरे की अध्यक्षता में साक्षी के रूप में हमारे नामों पर हस्ताक्षर किए हैं।

विटनेस:

1.(पहले गवाह का नाम और हस्ताक्षर)

2. (दूसरे गवाह का नाम और हस्ताक्षर)

9.5 प्रोबेट (Probate) की प्रक्रिया

प्रोबेट वह कानूनी प्रक्रिया है जिसमें मृत व्यक्ति की संपत्ति की जाँच और मूल्यांकन होता है, संपत्ति पर दावों का भुगतान होता है और शेष संपत्ति का वितरण होता है। एक प्रोबेट आवेदन में निम्नलिखित विवरण होने चाहिए:

- मृतक और उनके कानूनी उत्तराधिकारियों का विवरण
- वसीयत का विवरण, मृत्यु की तिथि और परिस्थितियाँ
- मृतक की संपत्ति का विवरण
- याचिकाकर्ताओं का शपथपत्र और शुल्क का भुगतान करने का वचन

न्यायालय आवेदन प्राप्त होने के बाद सार्वजनिक सूचना जारी करता है, आपत्तियाँ आमंत्रित करता है और यदि कोई आपत्ति नहीं होती तो प्रोबेट प्रदान करता है।

9.6 संदिग्ध परिस्थितियाँ और वसीयत की प्रामाणिकता

न्यायालय में वसीयत की प्रामाणिकता सिद्ध करने के लिए प्रस्तुतकर्ता को निम्नलिखित सिद्ध करना होता है:

- वसीयतकर्ता की वसीयत बनाने की मानसिक क्षमता
- वसीयत का वसीयतकर्ता की मृत्यु के बाद प्रभावी होने का स्वरूप
- वसीयतकर्ता का वसीयत की सामग्री का ज्ञान और उसकी स्वीकृति
- अनुचित प्रभाव, धोखाधड़ी आदि का अभाव
- वसीयतकर्ता द्वारा उचित निष्पादन और दो गवाहों द्वारा प्रत्यायन

संदिग्ध परिस्थितियों में वसीयतकर्ता के संदिग्ध हस्ताक्षर, कमज़ोर मानसिक स्थिति, असामान्य व्यवस्थाएँ, अनुचित प्रभाव का साक्ष्य, या वसीयत से लाभान्वित व्यक्ति का निष्पादन में प्रमुख भूमिका निभाना शामिल हो सकते हैं।

अध्याय 10: माल की बिक्री अधिनियम 1930

इस अध्याय में, हम माल की बिक्री अधिनियम 1930 की चर्चा करते हैं। यह अधिनियम माल की बिक्री और स्वामित्व के हस्तांतरण से संबंधित कानून को परिभाषित करता है। इसमें चल संपत्ति शामिल है लेकिन जमीन नहीं। यह मुख्य रूप से खरीदारों और विक्रेताओं के बीच अनुबंधों पर केंद्रित है। भले ही अधिनियम में भूमि पर विचार नहीं किया गया है, लेकिन संपत्ति के साथ-साथ बेची जाने वाली कई चल वस्तुओं को इस अधिनियम में शामिल किया जा सकता है। इसलिए हम इस अधिनियम की भी चर्चा कर रहे हैं।

THE SALE OF GOODS ACT, 1930

ACT NO. 3 OF 1930[1]

[15*th March*, 1930.]

An Act to define and amend the law relating to the sale of goods.

WHEREAS it is expedient to define and amend the law relating to the sale of goods; It is hereby enacted as follows:—

CHAPTER I

PRELIMINARY

1. Short title, extent and commencement.—(*1*) This Act may be called the [2]*** Sale of Goods Act, 1930.

[3][(*2*) It extends to the whole of India [4][except the State of Jammu and Kashmir].]

(*3*) It shall come into force on the 1st day of July, 1930.

2. Definitions.—In this Act, unless there is anything repugnant in the subject or context,—

(*1*) "buyer" means a person who buys or agrees to buy goods;

(*2*) "delivery" means voluntary transfer of possession from one person to another;

(*3*) goods are said to be in a "deliverable state" when they are in such state that the buyer would under the contract be bound to take delivery of them;

(*4*) "document of title to goods" includes a bill of lading, dockwarrant, warehouse keeper's certificate, wharfingers' certificate, railway receipt, [5][multimodal transport document,] warrant or order for the delivery of goods and any other document used in the ordinary course of business as proof of the possession or control of goods, or authorising or purporting to authorise, either by endorsement or by delivery, the possessor of the document to transfer or receive goods thereby

चित्र 5. माल की बिक्री अधिनियम 1930 का पहला पृष्ठ

10.1 अधिनियम का सारांश

माल की बिक्री अधिनियम 1930 एक खरीदार और एक विक्रेता के बीच माल की बिक्री के लिए एक अनुबंध को परिभाषित करता है, जहां कीमत का भुगतान करने पर किसी वस्तु का स्वामित्व विक्रेता से खरीदार को हस्तांतरित किया जाता है। माल शब्द "*कार्रवाई योग्य दावों और धन के अलावा हर तरह की चल संपत्ति को संदर्भित करता है; और इसमें स्टॉक और शेयर, बढ़ती फसलें, घास, और भूमि से जुड़ी चीजें शामिल हैं, जो बिक्री से पहले या अनुबंध के तहत भूमि से अलग हो जाएंगी।*"

10.2 माल की वैध बिक्री की शर्तें

वैध बिक्री अनुबंध की शर्तों में निम्नलिखित शामिल हैं:

- बिक्री कम से कम दो पक्षों के बीच होनी चाहिए
- बिक्री का विषय-वस्तु बेचा जाने वाला माल होना चाहिए
- बिक्री के लिए धन जैसा प्रतिफल दिया जाना चाहिए
- बेचे गए माल का स्वामित्व और डिलीवरी विक्रेता से खरीदार को होनी चाहिए

10.3 निहित शर्तें और वारंटी

माल की बिक्री अधिनियम 1930 में प्रत्येक बिक्री अनुबंध में कुछ निहित शर्तें और वारंटी शामिल होती हैं। एक शर्त का उल्लंघन पीड़ित पक्ष को अनुबंध रद्द करने का अधिकार देता है, जबकि वारंटी के उल्लंघन पर केवल हर्जाने का दावा किया जा सकता है। प्रमुख निहित शर्तें:

- स्वामित्व की शर्त: विक्रेता के पास माल बेचने का अधिकार होना चाहिए।
- विवरण द्वारा बिक्री: माल विवरण के अनुरूप होना चाहिए।

- गुणवत्ता या उपयुक्तता की शर्त: जहाँ खरीदार विशेष उद्देश्य बताता है, माल उस उद्देश्य के लिए उपयुक्त होना चाहिए।
- नमूने द्वारा बिक्री: शेष माल की गुणवत्ता नमूने जैसी होनी चाहिए।

10.4 अवैतनिक विक्रेता और उसके उपाय

अवैतनिक विक्रेता वह है जिसे माल की पूरी कीमत नहीं मिली है। उसके पास निम्नलिखित विशेष अधिकार हैं:

- ग्रहणाधिकार (Right of Lien): माल का भुगतान होने तक कब्जा बनाए रखने का अधिकार।
- पारगमन में रोक का अधिकार (Right of Stoppage in Transit): खरीदार के दिवालिया होने पर पारगमन में माल रोककर भुगतान तक कब्जा वापस लेने का अधिकार।
- पुनर्विक्रय का अधिकार (Right of Resale): नाशवान माल या सूचना के बाद भी अदायगी न होने पर माल का पुनर्विक्रय करने का अधिकार।

स्वामित्व और अधिकारों के साथ-साथ, बेची जाने वाली चीज़ से जुड़े किसी भी जोखिम और देनदारियों को भी विक्रेता से खरीदार को स्थानांतरित कर दिया जाता है। अधिनियम में मौजूदा माल के साथ-साथ भविष्य में स्थानांतरित किए जाने वाले सामान भी शामिल हैं।

माल की बिक्री अधिनियम परिभाषित करता है कि बिक्री का अनुबंध क्या है और अनुबंध से जुड़ी विभिन्न शर्तें। इसमें विभिन्न मामलों को भी शामिल किया गया है जहां माल दोषपूर्ण है या अनुबंध की शर्तें पूरी नहीं होती हैं। इसमें खरीदारों और विक्रेताओं के अधिकारों के साथ-साथ क्षतिग्रस्त सामान और नीलामी जैसी विशेष शर्तें शामिल हैं।

अध्याय 11: सुखभोग (ईसमेन्ट) पर कानून

इस अध्याय में, हम चर्चा करते हैं कि सुखभोग (ईसमेन्ट) क्या हैं और सुखभोग (ईसमेन्ट) पर भारतीय कानून क्या है।

11.1 सुखभोग (ईसमेन्ट) क्या है

सुखभोग (ईसमेन्ट) स्वामित्व के अलावा किसी अन्य की संपत्ति पर एक पड़ोसी के आंशिक अधिकारों का उल्लेख करती है। यह अस्थायी रूप से पड़ोसी की संपत्ति को अपने पास रखे बिना प्रवेश करने और उसका उपयोग करने का अधिकार है। वे आम तौर पर एक अलग पड़ोसी संपत्ति के आनंद से जुड़े होते हैं, क्योंकि सुखभोग के अधिकार अन्य संपत्ति के मालिक को पूरी तरह से संपत्ति का आनंद लेने में सक्षम बनाते हैं।

सुखभोग (ईसमेन्ट) के उदाहरणों में रास्ते के अधिकार, या किसी अन्य की निजी संपत्ति के माध्यम से पानी या ईंधन जैसे आवश्यक संसाधनों को स्थानांतरित करने का अधिकार शामिल है।

सुखभोग (ईसमेन्ट) दो प्रकार के होते हैं:

- **सकारात्मक सुखभोग** से तात्पर्य दूसरे की संपत्ति का उपयोग करने की अनुमति देना है। उदाहरणों में दूसरे को अपनी संपत्ति के माध्यम से रास्ते का अधिकार देना शामिल है।
- **नकारात्मक सुखभोग** संपत्ति के उपयोग के कुछ पहलुओं के लिए संपत्ति के मालिक पर प्रतिबंध या प्रतिबंधों को संदर्भित करता है, ताकि दूसरे पक्ष को कठिनाई का सामना न करना पड़े। उदाहरणों में शामिल हैं पानी या धूप तक पहुंचने का अधिकार।

11.2 सुखभोग (ईसमेन्ट) पर भारतीय कानून क्या है

भारतीय सुखभोग अधिनियम 1882 सुखभोगों पर भारतीय कानून को समेकित करता है।

THE INDIAN EASEMENTS ACT, 1882

ACT NO. 5 OF 1882[1]

[17*th February*, 1882.]

An Act to define and amend the law relating to Easements and Licenses.

Preamble.—WHEREAS it is expedient to define and amend the law relating to Easements and Licenses; It is hereby enacted as follows:—

PRELIMINARY

1. Short title.—This Act may be called the Indian Easements Act, 1882.

Local extent.—It extends[2] to the territories respectively administered by the Governor of Madras in Council and the Chief Commissioners of the Central Provinces and Coorg;

Commencement.—and it shall come into force on the first day of July, 1882.

2. Savings.—Nothing herein contained shall be deemed to affect any law not hereby expressly repealed; or to derogate from—

(*a*) any right of the [3][Government] to regulate the collection, retention and distribution of the water of rivers and streams flowing in natural channels, and of natural lakes and ponds, or of the water flowing, collected, retained or distributed in or by any channel or other work constructed at the public expense for irrigation;

(*b*) any customary or other right (not being a license) in or over immovable property which the Government, the public or any person may possess irrespective of other immovable property; or

(*c*) any right acquired, or arising out of a relation created, before this Act comes into force.

[4][**3. Construction of certain references to Act 15 of 1877 and Act 9 of 1871.**—All references in any Act or Regulation to sections 26 and 27 of the Indian Limitation Act, 1877[5] or to sections 27 and 28 of Act No. 9 of 1871[6] shall, in the territories to which this Act extends, be read as made to sections 15 and 16 of this Act.]

चित्र 6. भारतीय सुखभोग (ईसमेन्ट) अधिनियम 1882 का प्रथम पृष्ठ

अधिनियम परिभाषित करता है कि एक सुखभोग क्या है, उन्हें कैसे प्राप्त किया जाता है और किसके द्वारा उन्हें लगाया जा सकता है, कैसे सुखभोग अधिकार विलुप्त या निरस्त हो सकते हैं और उन्हें कैसे पुनर्जीवित किया जा सकता है। वे एक पक्ष द्वारा दूसरे पक्ष को दिए गए अस्थायी लाइसेंस को भी कवर करते हैं, जिससे उन्हें संपत्ति का उपयोग करने से संबंधित कुछ कार्य करने की अनुमति मिलती है।

11.3 सुखभोग का अधिग्रहण

भारतीय सुखभोग अधिनियम 1882 के अंतर्गत सुखभोग निम्नलिखित तरीकों से प्राप्त किया जा सकता है:

- अनुदान द्वारा: संपत्ति का मालिक किसी अन्य व्यक्ति को स्पष्ट रूप से सुखभोग का अधिकार प्रदान करता है।
- पर्चे द्वारा (Prescription): जब कोई व्यक्ति बीस वर्षों तक बिना रुकावट के खुलेआम सुखभोग का उपयोग करता है, तो वह उस पर कानूनी अधिकार अर्जित कर लेता है।
- आवश्यकता द्वारा (Necessity): जब किसी भूखंड के उचित आनंद के लिए आसपास की भूमि पर सुखभोग आवश्यक हो।

11.4 सुखभोग का विलोपन

सुखभोग अधिनियम के अंतर्गत सुखभोग निम्नलिखित परिस्थितियों में विलुप्त हो जाता है:

- जब सुखभोगग्राही और भार-भूमि के स्वामित्व के अधिकार एक ही व्यक्ति में मिल जाते हैं।
- जब सुखभोगग्राही द्वारा स्पष्ट त्याग हो।
- जब सुखभोग का उपयोग बीस वर्षों तक निरंतर न हो।
- जब भार-भूमि का विनाश हो जाए।

11.5 लाइसेंस (License)

भारतीय सुखभोग अधिनियम 1882 में लाइसेंस का भी प्रावधान है। लाइसेंस एक पक्ष द्वारा दूसरे पक्ष को किसी संपत्ति से संबंधित कुछ कार्य

करने की अनुमति है जो अन्यथा अवैध होती। लाइसेंस सुखभोग से भिन्न है क्योंकि लाइसेंस संपत्ति में कोई हित हस्तांतरित नहीं करता, यह व्यक्तिगत होता है और हस्तांतरणीय नहीं, तथा इसे लाइसेंसदाता द्वारा सामान्यतः रद्द किया जा सकता है। उदाहरण के लिए, किसी व्यक्ति को किसी संपत्ति पर पेड़ काटने की अनुमति देना एक लाइसेंस है।

अध्याय 12: निष्कर्ष

इस पुस्तक में, हमने भारत में संपत्ति कानून या भूमि कानून के विभिन्न पहलुओं को पेश किया है और चर्चा की है कि संपत्ति को एक व्यक्ति से दूसरे व्यक्ति में कैसे स्थानांतरित किया जा सकता है।

हमने कवर किया कि समय के साथ भारत और अन्य देशों में संपत्ति कानून कैसे विकसित हुआ। इसके बाद हमने संपत्ति के हस्तांतरण अधिनियम 1882 पर ध्यान केंद्रित करते हुए भारत में संपत्ति से संबंधित प्रासंगिक कानूनों पर चर्चा की। हमने भारतीय उत्तराधिकार अधिनियम 1925, भारतीय आसान अधिनियम 1882 और माल की बिक्री अधिनियम 1930 सहित संपत्ति के लिए अन्य प्रासंगिक अधिनियमों को भी कवर किया। हमने संक्षेप में कवर किया है इन अधिनियमों के अनुसार पार्टियों के अधिकार और दायित्व।

संपत्ति और जमीन एक बुनियादी जरूरत है और एक आम आदमी के लिए जीवन के सबसे बड़े निवेशों में से एक है, साथ ही अगर कोई अदालतों में संपत्ति के लंबित मामलों से लड़ रहा है तो सिरदर्द का एक स्रोत है। इसलिए, इससे संबंधित कानूनों और प्रक्रियाओं से परिचित होना हम सभी के लिए उपयोगी है।

पावती (स्वीकृति)

इस पुस्तक को लिखने में, लेखक निम्नलिखित पुस्तकों के लेखकों को कृतज्ञ हैं:

Land Law: Patrick J. Dalton

Lectures on Law of Property by Dr. Rega Surya Rao

Law of Property by Dr. S.R. Myneni

The Law Book: Big Ideas Simply Explained

The Transfer of Property Act, 1882 -Bare Act with Short Notes by Universal

लेखकों के बारे में

शिव प्रसाद बोस भारतीय कानूनों के पहलुओं से संबंधित विभिन्न परिचयात्मक गाइडबुक के लेखक हैं। वह वर्तमान में उत्तर प्रदेश पावर कॉर्पोरेशन लिमिटेड में कई वर्षों की सेवा के बाद सेवानिवृत्त हैं। उन्होंने कोलकाता के जादवपुर विश्वविद्यालय से इंजीनियरिंग की डिग्री प्राप्त की और मेरठ विश्वविद्यालय, मेरठ से कानून की डिग्री प्राप्त की। उनकी रुचि परिवार कानून, नागरिक कानून, अनुबंधों के कानून और बिजली बिजली से संबंधित मुद्दों से संबंधित कानून के किसी भी क्षेत्र में निहित है।

जय बोस एक सॉफ्टवेयर इंजीनियर और डेटा साइंटिस्ट हैं।

शिव प्रसाद बोस की अन्य पुस्तकें

वसीयत और प्रोबेट का परिचय: भारतीय कानून के अनुसार

वरिष्ठ नागरिकों से दुर्व्यवहार: और इसे कैसे रोका जाये

पड़ोसियों के साथ समस्याएं: और इनसे कैसे निपटें

अदालती मुकदमों में मानसिक शक्ति बढ़ाएं

परक्राम्य लिखतों का परिचय

विवाह कानूनों का परिचय

पुस्तकों और ई-पुस्तकों को स्वयं प्रकाशित करें

अदालती मामलों में देरी: कारण और समाधान

पेटेंट और पेटेंट कानून का परिचय

www.ingramcontent.com/pod-product-compliance
Lightning Source LLC
LaVergne TN
LVHW050923210926
848482LV00012B/522
9798885696401